평범한 우리 어린이들을 다음 세대
위인으로 만들어 줄 교과서 위인 이야기!
효리원의 교과서 위인 이야기는 초등학교
교과 과정에 나오는 국내외 위인들을, 우리나라
최고 아동 문학가 53인이 재미있게 동화로 구성했습니다.
지혜와 용기로 위대한 삶을 산 위인들의 이야기는,
어린이들의 마음속에 '나도 할 수 있다.'는
희망의 씨앗을 심어 줄 것입니다!

일러두기

1. 띄어쓰기와 맞춤법 : 초등학교 국어 교과서와 국립국어원의 『표준국어대사전』을 기준으로 하였습니다.

2. 외래어 지명과 인명 : 국립국어원의 『외래어 표기 용례집』을 기준으로 하였습니다.

3. 이해가 어려운 단어 : (   ) 안에 뜻풀이를 하였습니다.

4. 작가 연보 : 연도와 함께 나이를 표기하고, 업적을 간략히 소개하였습니다. 우리나라 위인은 태어난 해를 한 살로 하였고, 외국 위인은 만 나이로 태어난 다음 해를 한 살로 하였습니다. 정확한 자료가 없는 위인은 연도와 업적만을 나타냈습니다.

5. 내용 구성 : 위인의 삶은 역사적 자료를 바탕으로 최대한 사실적으로 구성하였습니다. 그러나 읽는 재미를 위해 대화 글이나 배경 묘사, 인물의 감정 표현 등에 작가의 상상력을 더했습니다.

6. 그림 구성 : 문헌을 바탕으로 위인이 살던 시대를 충실히 나타내도록 하되 복식의 색상이나 장식, 소품, 건물 등은 작가의 상상으로 그렸습니다.

7. 내용 감수 : 각 분야의 전문가들로 구성된 편집 위원들이 꼼꼼히 감수를 하였습니다.

편집 위원

김용만(우리역사문화연구소장)
교과서에서 만나는 위인들을 중심으로 일화와 함께 그림과 사진을 곁들여 지루하지 않게 읽을 수 있습니다. 술술 읽다 보면 학교 공부에도 많은 도움이 될 것입니다.

신현득(동시인, 전 새싹회 회장)
우리가 자주 듣고 접하는 역사 속 실존 인물들이 자신의 꿈을 이루기 위해 어떻게 노력했는지 깨달아 가면서 우리 어린이들은 한층 더 성숙해질 것입니다.

윤재운(동북아역사재단 연구 위원)
위인전을 읽으면서 어린이들은 시대를 넘어 간접 체험을 할 수 있습니다. 어떻게 살아야 하는지 인생에 대한 동기 부여와 함께 삶이 보다 풍요로워질 것입니다.

이은경(철학 박사, 전북과학대 유아교육학과 교수)
한 사람의 인격과 품성은 어릴 때 형성됩니다. 따라서 초등학교 저학년 때 어떤 책을 읽느냐에 따라 생각의 크기가 달라집니다. 어린이의 미래를 위해 이 책은 꼭 읽어야 합니다.

이창열(하버드 대학교 물리학 박사, 전 국가과학기술자문회의 전문 위원)
세상을 바꾼 위대한 인물의 이야기는 어린이의 인성 및 감성 발달에 큰 영향을 미칠 뿐 아니라 실험 정신과 개척 정신을 길러 줍니다. 용기와 지혜로 세상을 헤쳐 나가는 당당한 어린이를 꿈꾼다면 이 책은 꼭 한번 읽어 보아야 합니다.

정재도(한글학자)
위인으로 일컬어지는 이들은 어떤 생각을 하고, 어떤 삶을 살았을까요? 그들의 흔적을 담은 위인전은 복잡한 현대를 이끌어 갈 우리 어린이들에게 나침반과 같은 역할을 할 것입니다.

조수철(서울대학교 의과대학 소아정신과 교수)
위인전은 시대와 신분, 업적이 다른 위인들의 삶이 다양하고 흥미롭게 구성되어 있어 손쉽게 여러 삶의 모습을 만날 수 있습니다. 용기 있게 고난을 헤쳐 나간 위인의 이야기를 통해 삶의 지혜를 배울 수 있을 것입니다.

진리의 등불을 밝힌
불교의 창시자

석가모니

전병호 글 / 장종균 그림

 효리원
hyoreewon.com

부귀와 영화를 버리고 출가하여 깨달음을 얻고 마침내 진리의 등불을 밝힌 석가모니 부처님!

석가모니 부처님은 왕자로 태어나 얼마든지 쉬운 삶을 선택할 수 있었습니다. 만약 그렇게 되었다면 안락하고 편안한 삶을 살다 갔을 것입니다. 그런데 석가모니는 그 길을 버리고 고행의 길을 걸었습니다. 삶의 괴로움으로 고통 받는 세상 모든 사람들을 구원하기 위해서였습니다.

칼의 힘이 아니라 진리의 등불을 밝혀 사람들을 구원하고자 했던 석가모니 부처님! 몇 번이나 전륜성왕이 되기를 거절하고 진정으로 사람들을 사랑하는 길을 택한 석가모니의 이야기는 그의 위대함을 다시금 깨닫게 합니다. 그렇기 때문에 시간과 공간을 초월하여 오늘날까지도 많은 사람들에게 존경과 칭송을 받고 있습니다.

이런 부처님의 이야기는 언제 읽어도 가슴 뭉클한 감동이 있습니다. 이것이 이 책에서 예화를 많이 들어 쓴 까닭입니다.

예화 중심의 부드러운 글 읽기는 감동, 감화를 줌으로써 마음 깊은 곳에 자비와 사랑의 씨앗이 자라게 할 것입니다. 그리고 이 씨앗은 우리 어린이들이 건강하고 튼튼한 나무로 자라게 할 자양분이 될 것으로 믿습니다.

학부모님과 선생님께서는 책을 읽고 난 후 예화를 중심으로 어린이와 다양하게 이야기를 나누고, 그 과정을 통해 예화 속에 담겨 있는 교훈을 되새겨 보도록 지도해 주시기 바랍니다.

석가모니의 일화를 통해 자연스럽게 깨닫게 하는 부처님의 자비와 사랑! 이것이 이 책을 쓴 목적이기도 합니다.

석가모니 부처님은 왜 편안한 왕자의 자리를 버리고 출가하셨던 것일까요?

궁을 나온 석가모니에게는 집도 없었습니다. 그래서 큰 나무 아래나 동굴에 머물렀습니다. 옷은 묘지에 가서 죽은 이들이 버린 것을 입었습니다. 머리를 깎고, 단식을 하고, 죽음의 문 앞까지도 가 보았습니다. 이렇게 하여 마침내 진리를 얻었습니다.

그런데 그 진리는 자신을 위한 것이 아니었습니다.

삶의 괴로움으로 고통받고 신음하는 세상 모든 사람들을 위한 것이었습니다.

자, 이제 석가모니 부처님이 가신 길을 따라가 볼까요? 여러분도 진리란 무엇인지, 조금은 이해할 수 있게 될 것입니다.

글쓴이 전명호

차 례

태자의 탄생

카필라 왕국의 마야 왕비는 하늘나라 궁궐 뜰을 거니는 꿈을 꾸었습니다. 그런데 갑자기 상아가 여섯 개나 달린 흰 코끼리가 다가와 절을 두 번 하더니, 마야 왕비의 오른쪽 갈비뼈를 헤치고 몸 안으로 들어왔습니다.

"참으로 신기한 꿈이다. 흰 코끼리가 내 몸 안으로 들어오다니……."

마야 왕비는 꿈이 너무도 생생해 잠자리에서 일어나자마자 슈도다나 왕에게 사제를 불러 달라고 청했습니다.

불상 | 보리수 그늘 아래에서 깨달음을 구하는 싯다르타 태자의 모습입니다. 3세기 때 만들어진 것으로 추정됩니다.

카필라 왕국에서 가장 명성이 높은 사제가 급히 궁궐로 들어왔습니다.

"대왕마마, 기뻐하시옵소서. 틀림없는 태몽입니다."

슈도다나 왕이 카필라 왕국의 왕이 된 지도 벌써 30년이 넘었지만, 대를 이을 왕자가 없어서 모두들 크게 걱정하고 있었습니다. 더구나 슈도다나 왕의 나이가 이미 쉰 살이 넘어 걱정

은 더욱 컸습니다. 그런데 마야 왕비가 태몽을 꾸었다니, 이 얼마나 기쁜 일입니까?

슈도다나 왕과 마야 왕비의 얼굴이 환해졌습니다.

"왕자님은 전 세계를 통일할 전륜성왕이 되거나 부처님이 되실 것이옵니다."

"지금 그 말이 틀림없소?"

"그러하옵니다, 대왕마마."

전륜성왕이란 온 세계를 통일한다는 인도 전설 속의 왕입니다. 슈도다나 왕은 이 말을 듣자 장차 태어날 왕자가 부처님이 아니라 전륜성왕이 될 것이라고 굳게 믿었습니다. 카필라 왕국을 세운 석가족은 예로부터 무예가 뛰어나 히말라야 기슭 타라이 지방에 지금의 왕국을 세워 대대로 백성들을 다스려 왔기 때문이었습니다.

과연 사제의 말대로 그날 마야 왕비는 자신이 임신을 했다는 사실을 깨달았습니다. 카필라 왕국 전체가 왕궁의 임신 소식에 축제 분위기가 되었습니다.

그 당시 인도에서는 친정에 가서 아기를 낳는 풍습이 있었습니다. 마야 왕비도 아기를 낳을 때가 되자 친정인 콜리 성으로 가기 위해 길을 떠났습니다.

룸비니 동산을 지날 때였습니다. 갑자기 마야 왕비가 마차를 세우라고 했습니다. 곧 아기가 태어날 모양이었습니다.

룸비니 동산에는 때마침 무우수 꽃이 활짝 피어 보석을 흩뿌린 듯 눈부셨습니다. 마야 왕비는 무우수 나무 꽃가지를 잡고 만년설(언제나 녹지 않고 쌓여 있는 눈)이 덮인 히말라야 산봉우리를 바라보면서 간절하게 빌었습니다.

"꼭 훌륭한 왕자를 낳고 싶구나."

그때였습니다. 마야 왕비의 오른쪽 옆구리에서 아기가 태어났습니다. 아기는 태어나자마자 동서남북, 상하 여섯 방향으로 각각 일곱 걸음씩 걸었습니다. 그때마다 땅에서는 연꽃이 피어나 아기의 발을 받쳐 들었습니다.

아기는 오른손으로는 하늘을, 왼손으로는 땅을 가리키면서 우렁차게 외쳤습니다.

"천상천하 유아독존!"

이는 '하늘과 땅 사이에서 인간이 가장 존귀하다.'라는 뜻으로, 반드시 깨달음을 얻어 사람들을 괴로움에서 구해 내겠다는 말입니다. 이 말을 마치자 아기는 그제야 여느 아기들처럼 "앙!" 하고 울음을 터뜨렸습니다.

"오! 마침내 기다리던 왕자가 태어났구나."

슈도다나 왕의 기쁨은 무엇에도 비길 수 없이 컸습니다.

"왕자의 이름은 '싯다르타'이니라."

이는 '자기의 소원을 모두 이룬 사람'이라는 뜻입니다. 슈도다나 왕은 곧 왕자를 자신의 뒤를 이을 태자로 삼았습니다.

그러나 싯다르타가 태어난 기쁨도 잠시, 카필라 왕국은 커다란 슬픔에 잠겼습니다. 마야 왕비가 갑자기 숨을 거둔 것입니다. 싯다르타가 태어난 지 겨우 7일 만이었습니다.

카필라 성의
싯다르타 태자

싯다르타가 열세 살이 되던 해, 농사를 권장하고 장려하기 위한 권농일 행사에 참가했을 때였습니다. 농부가 소를 몰고 밭을 갈며 지나가자, 작은 새 한 마리가 날아와 흙 속에서 기어 나온 벌레를 톡 쪼아 먹었습니다. 그러자 이때를 기다렸다는 듯 검은 독수리가 쏜살같이 내려와 그 작은 새를 날카로운 발톱으로 낚아챘습니다.

"아니, 어떻게 저런 일이……."

싯다르타는 너무나 놀라 독수리가 날아간 하늘을 한참이나 바라보았습니다.

'아무리 작은 것이라도 목숨은 소중한 것인데, 왜 잡아먹고 먹히는 것일까?'

싯다르타는 깊은 생각에 잠겼습니다. 어느덧 날이 저물었습니다. 그러나 아무리 생각해 보아도 그 이유를 알 수 없었습니다. 싯다르타는 궁궐로 돌아온 뒤로도 계속 생각에 잠겨 지냈습니다.

"태자가 요즘 무예를 닦지 않고 생각에만 잠겨 지내니 참으로 걱정이오."

슈도다나 왕이 걱정하는 말을 듣고 나이 많은 신하가 아뢰었습니다.

"대왕마마, 태자비를 맞게 하소서. 그러면 태자께서도 달라질 것이옵니다."

슈도다나 왕은 신하의 말이 옳다고 생각했습니다.

"이제 태자도 열여섯 살이나 되었으니 결혼을 시켜야겠다. 태자비가 될 훌륭한 처녀를 찾도록 하라."

"대왕마마, 선각 장자에게 아쇼다라라는 딸이 있는데 어질고 아름다워 태자비로 부족함이 없습니다."

궁궐에서 오랫동안 예절을 가르쳐 온 신하가 슈도다나 왕께 아뢰었습니다. 왕은 크게 기뻐하며 아쇼다라를 태자비로 맞이하였습니다.

"여봐라, 궁궐 세 채를 새로 짓도록 하여라. 태자와 태자비가 계절이 바뀔 때마다 옮겨 가며 즐겁게 살도록 해 주어야겠다."

이렇게 해서 봄, 여름, 가을, 겨울 계절이 바뀔 때마다 태자 부부가 옮겨 가며 살 궁궐 세 채가 지어졌습니다. 슈도다나 왕은 이 궁궐 내에서 병들고 늙은 모습을 절대 보이지 말라고 특별히 명령을 내렸습니다.

병든 궁녀는 바로 궁궐에서 나와야 했습니다. 정원의 꽃나무도 마찬가지였습니다. 낙엽이 지기 시작하면 그 나무를 곧바로 캐내고 다른 꽃나무를 심었습니다.

그곳은 마치 늙고 병들고 세상을 떠나는 데서 느끼는 괴로움이 없는 낙원 같았습니다.

어느 날, 싯다르타는 흰 새가 떼 지어 날아가는 모습을 보자 성 밖으로 나가 보고 싶었습니다. 싯다르타는 하얀 연꽃 수레를 타고 동쪽 성문으로 나갔습니다.

그때 깡말라서 뼈만 앙상하게 남은 노인이 맞은편에서 지팡이를 짚고 비틀거리며 걸어왔습니다.

"저 사람은 왜 저렇게 불쌍하게 되었는가?"

마부가 대답했습니다.

"태자마마, 사람은 누구나 나이를 먹으면 저렇게 늙사옵니다."

순간 싯다르타는 슬픈 표정을 지었습니다.

며칠 후, 싯다르타는 남문으로 나가 보았습니다. 이번에는 나무 밑에서 먹은 것을 토하며 신음하는 남자를 보았습니다. 마부가 아뢰었습니다.

"태자마마, 저 사람은 지금 병에 걸려 괴로워하고 있는 것입니다."

싯다르타는 더욱 슬픈 표정을 지으며 궁궐로 돌아왔습니다.

얼마 후 싯다르타는 서문으로 나가 보았습니다. 이번에는
장례 행렬을 만났습니다.

"아아, 사람은 결국 저렇게 세상을 떠나는 것이구나……."

싯다르타는 크게 탄식하면서 궁궐로 돌아왔습니다.

'사람은 왜 늙고 병들고 죽어야 하는가. 아아, 괴롭구나. 어
떻게 하면 이 괴로움에서 벗어날 수 있을까?'

싯다르타는 이튿날 북문으로 나가 보았습니다. 이번에는 수행자(불도를 닦는 사람)를 만났습니다.

"저는 가족들이 늙고 병들고 죽어 가는 모습을 보고 진리를 찾기 위해 출가(세속의 인연을 버리고 수행을 함)했습니다."

이 말을 듣자 싯다르타는 마음이 환하게 밝아졌습니다.

'이제야 내가 가야 할 길을 깨달았다. 나도 출가하리라!'

싯다르타는 밝은 얼굴이 되어 궁궐로 돌아왔습니다.

그러나 싯다르타는 마음먹은 대로 출가를 할 수가 없었습니다. 슈도다나 왕과 아쇼다라 태자비는 물론 친자식처럼 길러 준 이모 마하프라자파티 왕비가 몹시 슬퍼했기 때문이었습니다. 싯다르타는 때가 오기만을 기다렸습니다.

시간이 흘러 아쇼다라 태자비가 아들을 낳았습니다. 싯다르타 태자가 스물여덟 살 되던 해였습니다.

"아, 라훌라가 생겼구나."

'라훌라'란 장애물이라는 뜻입니다. 싯다르타는 아들이 태어났다는 말을 듣자 이렇게 말했습니다. 그리고 아들의 이름

도 '라훌라'로 정했습니다.

슈도다나 왕은 싯다르타가 아기의 이름을 '라훌라'로 정했다는 말을 듣자 크게 실망했습니다.

"장차 카필라 왕국을 세상에서 제일 강한 나라로 만드는 것이 태자인 네가 할 일이 아니더냐?"

"아바마마, 저는 늙고 병들고 죽는 괴로움에서 벗어나는 길을 찾고자 합니다. 부디 출가하도록 허락해 주십시오."

싯다르타는 이렇게 간절히 부탁했지만, 슈도다나 왕은 성문을 지키는 장수를 불러 엄한 명령을 내렸습니다.

"여봐라, 태자가 절대로 궁에서 나가지 못하도록 궁문을 철저히 지키도록 하라."

그 대신 슈도다나 왕은 싯다르타를 위로하기 위해 라훌라의 첫돌을 축하하는 잔치를 크게 열어 주었습니다. 잔치는 사흘이나 계속되었습니다. 사흘째 밤이 되자 사람들은 모두 술에 취해 깊이 잠들었습니다.

마침내 때가 왔다고 생각한 싯다르타는 마부 찬다카를 불러 조용히 말을 끌고 오도록 했습니다.

싯다르타는 그 말을 타고 밤새 길을 가서, 날이 샐 무렵에는 아나바마 강가에 이르렀습니다.

"너는 이제 궁으로 돌아가라. 가서 내가 진리를 얻기 위해 길을 떠났다고 전해라."

찬다카는 슬피 울면서 말을 끌고 궁으로 돌아갔습니다. 이 날이 음력 2월 8일, 싯다르타의 나이 스물아홉이었습니다.

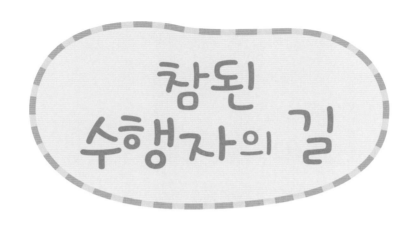

참된
수행자의 길

싯다르타는 아누비네야 마을의 밤나무 숲에서 혼자 명상을 하며 일주일을 보냈습니다. 그런 다음 스승을 찾아 길을 떠났습니다.

싯다르타가 첫 번째로 찾아간 스승은 아라다 선인이었습니다. 싯다르타는 아라다 선인의 가르침을 받아 수행에 힘썼습니다. 그 결과 얼마 지나지 않아 아라다 선인이 깨달은 것과 같은 진리를 깨달았습니다.

'내가 구하고자 하는 것은 최고의 깨달음이다. 이것만으로

는 부족하다.'

싯다르타는 다시 길을 떠났습니다. 싯다르타가 마가다 왕국의 수도인 라자그리하에 이르렀을 때였습니다. 마가다 왕국의 빔비사라 왕이 싯다르타를 찾아왔습니다.

"태자여, 나와 함께 이 나라를 세계에서 제일 강한 나라로 만들 생각은 없소?"

"대왕이시여, 제가 가고자 하는 길은 전륜성왕이 되는 것보다 더 중요한 일입니다. 이 길이야말로 중생을 더 크게 사랑하는 것입니다."

싯다르타는 빔비사라 왕과 작별하고 다시 길을 떠났습니다. 이번에는 우드라카 선인을 찾아갔습니다. 싯다르타는 이곳에서도 우드라카 선인이 깨달은 것과 같은 높은 경지에 이르렀습니다.

이제 더 이상 싯다르타를 가르쳐 줄 스승은 없었습니다.

"이제부터는 혼자 힘으로 진리를 깨달아야 하는구나."

싯다르타는 가야산으로 갔습니다. 슈도다나 왕의 명을 받은

석가족(인도 왕족에 딸린 종족 중 하나) 젊은이 다섯 명이 싯다르타를 찾아 가야산으로 왔습니다. 이들은 싯다르타를 모시고 카필라 왕국으로 돌아가려 했지만, 싯다르타의 말에 감동을 받아 함께 수행하기로 했습니다.

그곳에는 아주 이상하면서도 고통스러운 방법으로 수행하는 사람들이 많았습니다. 발가벗은 몸으로 가시밭을 뒹굴기도 하고, 하루 종일 거꾸로 서 있거나 불 속을 뛰어다니는 수행자도 있었습니다. 심지어는 못을 박은 판자 위에 하루 종일 누워 있는 수행자도 있었습니다.

'이것은 고통을 이겨 내는 것일 뿐 최고의 깨달음에 이르는 방법은 아니다.'

싯다르타는 이제까지 그 누구도 해 본 적 없는 매우 고통스러운 방법으로 고행을 하기로 결심했습니다. 싯다르타는 산 꼭대기 가장 큰 나무 아래에서 결가부좌(두 다리를 교차시켜 책상다리를 하고 앉는 것)를 했습니다. 그리고 마음을 모았습니다. 음식으로는 하루에 보리 한 알만 먹다가, 나중에는 깨 한 톨만 먹었습니다. 숨도 쉬지 않는 것 같았습니다.

싯다르타의 피부는 바싹 마르고, 배와 등뼈가 달라붙어 죽었는지 살았는지조차도 구분하기 어려웠습니다.

'죽음은 두렵지 않다. 나는 완전한 부처가 되어야 한다!'

어느덧 숲에는 낙엽이 졌습니다. 꽃이 피고 꽃이 졌습니다. 다시 낙엽이 몇 번 졌습니다.

어느덧 싯다르타가 출가한 지도 6년이 지났습니다. 그동안의 고행으로 인해 싯다르타의 몸은 앙상하게 뼈만 남았지만 그는 아직 최고의 깨달음에는 이르지 못했습니다. 싯다르타는 육체에 고통을 주는 방법으로는 결코 깨달음을 얻을 수 없다는 사실을 알게 되었습니다.

'그렇다. 거울처럼 맑고 고요한 마음으로 수행하려면 몸도 건강해야 한다.'

마침내 싯다르타는 자리를 털고 일어났습니다. 그리고 나이란자나 강에 가서 죽은 사람들이 벗어 놓은 옷을 골라 깨끗이 빨아 입고, 우루빌바 마을로 갔습니다. 싯다르타는 그곳에서

수발타 장자의 막내딸 수자타에게 1백 일 동안 우유 죽을 공양(음식물이나 꽃 따위를 바치는 것)받았습니다. 싯다르타는 다시 옛날처럼 건강해졌습니다.

"태자마마, 이제 카필라 왕국으로 돌아가실 것입니까?"

석가족 젊은이들이 숲으로 돌아온 싯다르타에게 물었습니다.

진신 사리 | 부처님이 사망한 후 그 주검을 화장하여 남은 유골입니다. 우리나라에는 설악산 봉정암, 오대산 월정사, 양산 통도사, 사자산 법흥사, 태백산 정암사 등 다섯 곳에 진신 사리가 모셔져 있습니다.

"아니다. 수행에 힘쓰기 위해서는 먼저 몸이 건강해야 한다는 사실을 깨달은 것뿐이니라."

"믿을 수 없습니다. 저희들은 타락한 분을 스승으로 모시고 수행할 수 없습니다."

싯다르타가 배고픔을 이기지 못해 거짓말을 하는 것이라고 생각한 석가족 젊은이들은 싯다르타의 곁을 떠났습니다.

마침내 깨달음을 얻다

싯다르타는 북동부 지방에 있는 부다가야의 가장 큰 보리수에 합장하고 천천히 세 바퀴를 돈 다음, 동쪽을 향해 바르게 앉았습니다. 하루가 지나고 이틀이 지나고 일주일이 지났습니다. 어느덧 싯다르타는 산이 잠겨도 물 한 방울 넘치지 않는 호수처럼 맑고 고요한 마음을 갖게 되었습니다. 이때부터 보리수 아래에는 성스러운 기운이 넘치기 시작했습니다.

"태자야, 아비도 이제 많이 늙었다. 그만 돌아오너라."

"여보, 당신의 아내 아쇼다라예요. 제가 보고 싶지도 않으

신가요? 무심한 분!"

"아바마마, 저 라훌라예요. 저를 아버지 없는 자식으로 만들지 마세요."

싯다르타는 갑자기 가족들의 목소리가 들려오자 소스라치게 놀랐습니다. 그러나 곧 그 정체를 알아차렸습니다.

'마왕이 나를 유혹하려고 하는구나.'

싯다르타의 마음은 다시 고요해졌습니다.

"당신은 너무나 젊고 아름다운 분이에요! 이리 와서 나와 함께 즐겁게 지내요."

마왕은 이번에는 자기 딸을 예쁜 여인으로 변신시켜 싯다르타를 유혹했습니다.

"나는 지금 최고의 깨달음을 얻어 중생을 구하려고 한다. 그러니 썩 물러가라!"

마왕은 싯다르타가 꿋꿋하게 유혹을 이겨 내자, 화가 치솟아 활을 쏘고 불덩이를 마구 던졌습니다. 그런데 이게 어찌 된 일입니까? 싯다르타에게 날아간 화살과 불덩이는 모두 아름다운 꽃송이가 되어 떨어졌습니다. 마왕은 그 어떤 것도 싯다르타의 마음을 흔들 수 없다는 사실을 깨닫자 부하들을 데리고 슬금슬금 도망쳤습니다.

마침내 싯다르타는 인간이 늙고 병들고 죽는 원인을 차례차례 찾아 올라갔습니다. 그래서 그 근원에는 '무명(진리를 깨닫지 못하는 마음 상태)'이 있다는 것을 알아냈습니다. 이 무명을 없애 버려야 비로소 삶의 괴로움에서 벗어날 수 있다는 것을 알게 되었습니다. 싯다르타는 이 무명을 없애는 방법도 알아냈습니다.

그것은 '고, 집, 멸, 도'라고 하는 '사성제(네 가지 성스러운 진리)'입니다. 사성제는 마치 중생들의 병을 찾아내고(고), 원인을 알아 낸 뒤(집), 병의 원인을 없애고(멸), 올바른 치료를 해 나가는 것(도)과 같은 이치입니다.

'사람은 누구나 이와 같은 깨달음을 얻으면 부처가 될 수 있다. 그러면 태어나서 늙고 병들고 세상을 떠나는 괴로움에서 영원히 벗어나게 된다.'

마침내 싯다르타는 최고의 깨달음을 얻게 되었습니다.

싯다르타가 보리수 아래 앉아 수행에 온 힘을 기울인 지 21일째 되는 12월 8일(음력) 새벽이었습니다.

이제 싯다르타는 석가모니 부처님이 되었습니다. 싯다르타의 나이 서른다섯 살로, 카필라 왕국을 떠난 지 꼭 6년 만의 일이었습니다. 석가모니는 '석가족 출신의 성자'라는 말이고, 부처님은 '깨달음을 얻은 사람'이라는 뜻입니다.

'이제 나는 중생들에게 내가 얻은 깨달음을 전해야 한다.'

부처님은 다시 49일 동안 자신이 깨달은 것을 중생들이 알기 쉽게 정리했습니다.

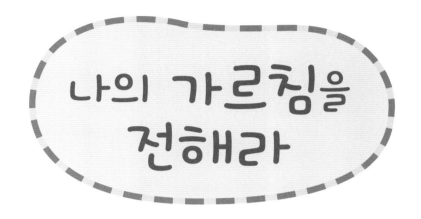

나의 가르침을 전해라

부처님은 바라나시 북쪽에 있는 녹야원으로 갔습니다. 그곳에는 부처님 곁을 떠났던 다섯 명의 석가족 젊은이들이 수행을 하고 있었습니다.

"참으로 거룩하신 부처님! 저희가 어리석었습니다."

부처님은 밤이 깊어 신성한 시간이 되기를 기다렸다가 이들에게 설법을 하기 시작했습니다. 이를 '초전법륜'이라고 하는데, 처음으로 법의 수레바퀴를 굴렸다는 뜻입니다. 부처님의 설법을 듣자 다섯 청년은 그 자리에서 차례로 깨달음을 얻어

아라한(성자)이 되었습니다.

그때 마침 야사스라는 젊은이가 방탕한 생활을 뉘우치고 울면서 녹야원으로 찾아왔습니다. 부처님은 그에게 설법을 들려주어 출가시켰습니다. 이 소식을 듣자 평소 야사스와 어울려 지내던 친구 네 명이 부처님께 와서 출가했습니다. 그러자 이번에는 50명의 젊은이가 몰려와 부처님께 출가하기를 원했습니다. 부처님은 모두에게 깨달음을 얻게 한 후, 이들을 모아 놓고 말했습니다.

"비구(스님)들아, 이제 길을 떠나라. 세상에 나가 나의 가르침을 전하라."

이렇게 해서 예순 명의 아라한은 각자 부처님의 가르침을 전하기 위해 길을 떠났습니다.

그때 마가다 왕국에는 사람들의 존경을 받는 카샤파 삼 형제가 있었습니다. 이들은 불의 신 아그니를 섬기는 브라만교를 믿고 있었습니다.

어느 날 저녁, 부처님은 불의 신 아그니에게 제사 지내는 사당에 들어가서 풀방석을 깔고 앉아 참선했습니다. 그러자 용이 크게 화를 내고 불을 뿜으며 달려들었습니다. 부처님도 불을 내뿜었습니다. 사당은 순식간에 활활 타오르는 불길에 휩싸였습니다. 아침이 되었습니다.

"카샤파여, 이것이 네가 섬기는 용이더냐."

부처님이 카샤파에게 바리때(나무로 만든 스님의 밥그릇)를 내밀었습니다. 바리때에는 미꾸라지처럼 작아진 용이 담겨 있었습니다. 카샤파는 깜짝 놀라 부처님 앞에 엎드렸습니다. 이 일로 카샤파 삼 형제를 비롯하여 1천여 명이나 되는 제자들이 부처님께 출가했습니다.

이 소식이 알려지자, 마가다 왕국의 빔비사라 왕이 사람을 보내 부처님을 궁궐로 초대했습니다. 부처님은 제자들을 데리고 궁궐로 들어갔습니다. 빔비사라 왕은 밤새 정성껏 만든 음식으로 부처님과 1천여 명의 비구들에게 공양한 다음 이렇게 말했습니다.

"거룩하신 부처님, 부처님을 항상 가까이에서 모시면서 높

고 귀한 말씀을 듣기 위해 사원을 짓고자 하니 부디 허락하여 주십시오."

부처님은 제자들이 1천여 명이 넘었기 때문에 머물러 수행할 곳이 필요했습니다. 부처님은 크게 기뻐했습니다. 빔비사라 왕은 궁궐에서 가까운 대나무 숲에 큰 사원을 지었습니다. 이것이 불교 최초의 사원인 죽림정사입니다.

한편, 코살라 왕국에 사는 수다타도 사원을 지으려고 했습니다. 그런데 사원을 지으려는 곳의 땅 주인이 뜻밖에도 코살라 왕국의 제타 왕자였습니다.

"왕자님, 땅을 저에게 파십시오. 부처님을 위해 사원을 짓고자 합니다."

"동산 가득 황금을 깔아 놓는다면 기꺼이 팔겠소."

제타 왕자는 이렇게 말하면 수다타가 단념할 것이라고 생각했습니다. 그런데 수다타는 정말로 수레에 가득 황금을 싣고 와 동산에 깔기 시작했습니다.

"그만하시오. 이 동산을 당신에게 그냥 드리겠소."

제타 왕자는 절을 짓는 데 필요한 목재도 내주었습니다. 이렇게 세워진 사원이 제2대 정사로 널리 알려진 기원정사입니다.

카필라 성으로 돌아온 부처님

　부처님은 떠난 지 11년 만에 카필라 왕국으로 돌아왔습니다. 아쇼다라 태자비는 부처님께 절하고, 차를 끓여 올렸습니다. 그리고 슈도다나 왕과 함께 불교 신자가 되었습니다.

　부처님에게는 이복동생이 있었습니다. 마하프라자파티 왕비가 낳은 아난다입니다. 그는 며칠 후 결혼을 하고 곧 태자가 될 귀한 몸이었습니다. 그렇지만 그는 부처님의 설법을 듣고 출가를 했습니다.

　부처님은 아들인 라훌라도 출가하도록 했습니다.

바리때 | 절에서 스님들이 사용하는 나무 밥그릇입니다. 우리나라 남원에서 만들어진 사진 속의 바리때는 열다섯 가지가 한 벌로 구성되어 있습니다.

"너에게 카필라 왕국보다 더 소중한 진리를 물려주겠다."

라훌라는 열두 살이었기 때문에 최초의 사미(스무 살이 안 된 출가자)가 되었습니다.

이 밖에도 아니룻다, 바드리카 등 많은 석가족 왕자들이 뒤를 이어 출가했습니다.

슈도다나 왕이 세상을 떠나자, 마하프라자파티 왕비는 부처님께 허락을 받아 여성 교단을 만들었습니다. 그러자 아쇼다라 태자비와 5백여 명의 궁녀도 함께 출가했습니다.

널리 자비를 베풀다

카필라 왕국과 콜리 왕국은 로히니 강에서 물을 끌어들여 농사를 지었습니다. 어느 해 심한 가뭄이 들어 농부들은 서로 강물을 많이 끌어가려고 다투었습니다.

"우리 왕국에 더 많은 물이 필요해요!"

"무슨 소리예요? 당신네 왕국은 그만 써도 돼요!"

그러다가 끝내 두 나라 군대가 달려와 칼과 창을 휘두르는 일이 일어나고 말았습니다. 금방이라도 전쟁이 일어날 듯 분위기가 험악해졌습니다.

'잘못하다가는 피의 강물이 흐르겠구나.'

부처님은 급히 로히니 강으로 나갔습니다. 그러고는 두 나라 왕에게 동물 이야기를 해 주었습니다.

겁쟁이 토끼가 낮잠을 자고 있었습니다. 바로 그때, 도토리 한 알이 '후두둑!' 소리를 내며 떨어졌습니다. 그러자 겁쟁이 토끼가 소리를 지르며 달아났습니다.

"큰일 났다! 산이 무너진다!"

다른 토끼들도 뒤따라 뛰었습니다.

"큰일 났다! 큰일 났다! 산이 무너진다!"

그러자 노루와 고라니, 멧돼지, 물소, 코끼리가 달아났습니다. 순식간에 숲속은 아수라장이 되었습니다. 그들은 있는 힘을 다해 절벽 끝으로 달렸습니다.

그때 사자가 달려와 급히 앞을 가로막았습니다.

"누가 산이 무너지는 것을 보았느냐?"

동물들은 그제야 달리기를 멈추고 서로를 바라보았습니다. 그리고 코끼리는 물소를, 물소는 멧돼지를, 멧돼지는 고라니를, 고라니는 노루를, 노루는 토끼를 가리켰습니다. 동물들은 아직도 심장이 벌렁벌렁 뛰고 있는 토끼를 앞세우고 소리가 난 곳에 조심스럽게 가 보았습니다. 그렇지만 그곳에는 도토리가 한 알 떨어져 있을 뿐이었습니다.

부처님의 설법이 끝나자 두 나라의 왕은 자신들의 행동을 부끄러워하며 군사를 거두어 돌아갔습니다.

또 한 번은 코살라 왕국의 비두다바 태자가 왕이 되었을 때의 일입니다.

비두다바 왕이 오랜 원한을 풀기 위해 외할아버지의 나라이기도 한 카필라 왕국에 쳐들어왔습니다.

비두다바 왕이 어렸을 때 석가족의 대신들이, 어머니가 신분이 낮다고 몹시 업신여겼던 것을 마음속에 새기고 있었던 것입니다.

부처님은 이 소식을 듣자, 비두다바 왕이 지나갈 길에 미리 나와 앉아 기다렸습니다. 이윽고 비두다바 왕이 다가와 부처

님께 절하고 여쭈었습니다.

"부처님! 왜 하필이면 땡볕이 내리쬐는 마른나무 밑에 앉아 계십니까?"

"왕이시여, 가족이 없는 사람은 없습니다."

친족들을 죽이지 말라는 말씀이었습니다. 비두다바 왕은 할 수 없이 군사들을 이끌고 돌아갔습니다.

비두다바 왕은 그 후로도 두 번이나 더 군사를 이끌고 왔지만, 그때마다 부처님은 이들을 돌려보냈습니다.

꺼지지 않는 진리의 등불

부처님은 인도의 모든 지역을 두루 찾아다니며 45년간이나 불교를 널리 알렸습니다. 부처님의 말씀에 감동을 받은 수많은 사람들이 불교 신자가 되었습니다.

부처님이 파바 왕국의 수도에 머물고 있을 때였습니다. 이제는 입적(중의 죽음을 뜻하는 말)할 때가 되었다는 사실을 알게 된 부처님은 수제자인 아난다를 불러 말했습니다.

"아난다야, 이제 쿠시나가라로 가자."

쿠시나가라에 도착한 부처님은 조용히 사라나무(부처님의 탄

생, 깨달음, 열반과 관계된 세 가지 성스런 나무 중 하나) 숲으로 들어갔습니다.

"아난다야, 북쪽을 향해 누울 자리를 마련해라. 그래야 내 가르침이 북쪽에서 크게 떨칠 것이니라."

부처님은 사라나무 두 그루 사이에서 오른쪽 옆구리를 바닥에 대고 발을 포개어 누웠습니다. 그러자 갑자기 지진이 일어나 땅이 흔들리고 천둥이 쳤습니다.

"비구들이여, 모든 것은 항상 변한다. 끊임없이 정진하라."

이 말을 마지막으로 부처님은 조용히 열반(죽음을 뜻하는 말)에 들었습니다. 그러자 사라나무에는 때아닌 꽃이 활짝 피어나더니 꽃잎이 흩날렸습니다. 부처님의 몸은 금세 꽃잎으로 덮였습니다.

부처님께서는 중생들을 구원하고자 꺼지지 않는 진리의 등불을 환히 밝히고 마침내 열반에 드신 것입니다. 석가모니 부처님이 80세 되던 해 2월 보름이었습니다. ✿

연 대	발 자 취
B.C. 624(0세)	카필라 왕국의 슈도다나 왕과 마야 왕비 사이에서 태어나다. 마야 왕비가 아기를 낳기 위해 친정인 콜리 성으로 가던 중 룸비니 동산에서 태어나다(4월 8일). 태어난 지 7일 만에 어머니 마야 왕비가 세상을 떠나다.
B.C. 617(7세)	무예와 병법을 배우고 깨우치다(64가지 언어와 29가지 무예를 익혔다고 전해짐).
B.C. 611(13세)	생로병사의 고통에 시달리는 이유에 대해 깊은 명상에 잠기다.
B.C. 608(16세)	선각 장자의 딸인 아쇼다라를 태자비로 맞이하다.
B.C. 596(28세)	왕자 라훌라가 태어나다.
B.C. 595(29세)	라훌라 왕자의 돌잔치가 끝나는 날 출가하여 아라다 선인과 우드라카 선인을 만나 수행을 하다.
B.C. 590(34세)	고행을 하느라 쇠약해진 몸을 회복하고자 수자타에게 1백 일 동안 우유 죽을 공양받다. 이 일로 다섯 제자가 떠나가다.
B.C. 589(35세)	보리수 아래에서 수행을 한 지 21일 만에 삶의 이치를 깨닫고 부처가 되다(음력 12월 8일). 녹야원에서의 첫 설법을 시작으로 4성제와 8정도를 가르치다.
B.C. 588(36세)	마가다 왕국의 빔비사라 왕이 죽림정사를 짓고, 코살라 왕국의 수다타가 기원정사를 짓다.
B.C. 584(40세)	11년 만에 고향인 카필라 왕국으로 돌아와 아난다와 라훌라를 출가시키다. 제자들이 많아져 계율을 정하다.
B.C. 583(41세)	아버지 슈도다나 왕이 세상을 떠나다. 마하프라자파티 왕비의 청을 받아들여 여성 교단을 세우다.
B.C. 544(80세)	여러 나라를 다니면서 45년간 불교를 널리 알리고, 2월 15일 쿠시나가라의 사라나무 아래에서 열반하다. 다비식(시체를 화장하여 그 유골을 거두는 일)에 참가한 10개국에 사리탑이 세워지다. 이후 제자들이 칠엽굴에 모여 부처님의 가르침과 일대기를 정리하다.

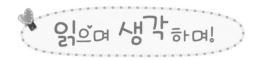

읽으며 생각하며!

1. 석가족이 히말라야 기슭 타라이 지방에 세운 나라 이름은 무엇인가요?

2. '싯다르타'라는 이름은 어떤 뜻을 가지고 있나요?

3. 마가다 왕국의 빔비사라 왕이 부처님과 1천여 명의 제자들을 위해 만든
   불교 최초의 사원은 무엇인가요?

이 일로 카샤파 삼 형제를 비롯하여 1천여 명이나 되는 제자들이 부처님께 출가했습니다.

이 소식이 알려지자, 마가다 왕국의 빔비사라 왕이 사람을 보내 부처님을 궁궐로 초대했습니다. 부처님은 제자들을 데리고 궁궐로 들어갔습니다. 빔비사라 왕은 밤새 정성껏 만든 음식으로 부처님과 1천여 명의 비구들에게 공양한 다음 이렇게 말했습니다.

"거룩하신 부처님, 부처님을 항상 가까이에서 모시면서 높고 귀한 말씀을 듣기 위해 사원을 짓고자 하니 부디 허락하여 주십시오."

4. 슈도다나 왕은 태자와 태자비를 위해서 다음 밑줄 친 부분과 같이 명령 했습니다. 그러한 왕의 명령에 대해 여러분은 어떻게 생각하는지 적어 보세요.

> "여봐라, 궁궐 세 채를 새로 짓도록 하여라. 태자와 태자 비가 계절이 바뀔 때마다 옮겨 가며 즐겁게 살도록 해 주 어야겠다."
>
> 이렇게 해서 봄, 여름, 가을, 겨울 계절이 바뀔 때마다 태자 부부가 옮겨 가며 살 궁궐 세 채가 지어졌습니다. 슈 도다나 왕은 이 궁궐 내에서 병들고 늙은 모습을 절대 보 이지 말라고 특별히 명령을 내렸습니다.

5. 싯다르타는 아들이 태어나자 '라훌라'가 생겼다고 말했습니다. 그가 이 렇게 말한 까닭은 무엇인지, 아들에 대해서 이런 말을 한 것에 대해 여 러분은 어떻게 생각하는지 적어 보세요.

6. 싯다르타는 나라를 강하게 만드는 것보다는 중생을 사랑하는 길을 선택했습니다. 싯다르타는 왜 이런 선택을 했을까요?

> 싯다르타가 마가다 왕국의 수도인 라자그리하에 이르렀을 때였습니다. 마가다 왕국의 빔비사라 왕이 싯다르타를 찾아왔습니다.
>
> "태자여, 나와 함께 이 나라를 세계에서 제일 강한 나라로 만들 생각은 없소?"
>
> "대왕이시여, 제가 가고자 하는 길은 전륜성왕이 되는 것보다 더 중요한 일입니다. 이 길이야말로 중생을 더 크게 사랑하는 것입니다."
>
> 싯다르타는 빔비사라 왕과 작별하고 다시 길을 떠났습니다.

7. 싯다르타가 육체적 고행을 포기하자 석가족의 다섯 청년은 싯다르타를 비난하며 그의 곁을 떠납니다. 믿고 따르던 스승을 떠나야 하는 다섯 청년의 심정과, 사실을 밝히지 않고 제자들을 그냥 떠나보낸 싯다르타의 심정이 각각 어땠을지 상상하여 적어 보세요.

 풀이

1. 카필라 왕국

2. 자기의 소원을 모두 이룬 사람.

3. 죽림정사

4. 예시 : 늙고 병드는 것은 세상의 순리요 자연스러운 일이다. 억지로 막는다고 해서 되는 일이 아닌데, 그런 명령을 내렸다는 것은 비뚤어진 자식 사랑이 아닐까? 계절이 바뀔 때마다 옮겨 다니며 좋은 것만 보고 즐겁게 살도록 하는 것도 올바른 교육 방법은 아닌 것 같다. 바위틈에서 피어난 꽃이 더 강하고 아름다운 법이니까.

5. 예시 : 라훌라란 장애물이라는 뜻이다. 깨달음을 찾아 떠나는 길에 자신의 아들이 방해가 될 것 같아 그렇게 말한 것이다. 그러나 자신의 한마디가 아들의 이름이 되었다. 아들은 '장애물'이라는 이름으로 평생을 살아야 한다. 소중한 생명을 앞에 두고 그렇게 말한 것은 조금 경솔하고 무책임한 행동이었다는 생각이 든다.

6. 예시 : 힘으로 나라를 다스리는 것보다 사람들의 마음을 다스리는 것이 더욱 중요함을 알았기 때문이다. 그는 죽음 앞에서는 어떠한 부와 명예도 다 부질없다는 사실을 깨달았다. 따라서 힘없는 중생들을 이런 고민으로부터 해결해 주는 데 힘을 쏟고 싶었던 것이다.

7. 예시 : 석가족의 다섯 청년은 싯다르타가 배고픔을 이기지 못해 거짓말을 하는 것으로 생각했기 때문에 그를 비난하고 떠나갔다. 평소 따르던 스승이 배고픔 앞에서 약해져 거짓말을 한다는 사실에 무척이나 실망이 컸을 것 같다. 그래서 인간적으로는 서운하지만 어쩔 수 없이 떠나지 않았을까? 자신을 이해하지 못하고 떠나가는 제자들을 바라보는 스승의 마음 또한 아팠을 것이다. 그러나 다섯 청년이 진실을 깨닫고 결국 자신에게 돌아올 것이라는 믿음이 있었기 때문에 붙잡지 않았을 것이다.

위인

- 광개토 태왕 (374~412)
- 을지문덕 (?~?)
- 연개소문 (?~666)
- 김유신 (595~673)
- 대조영 (?~719)
- 장보고 (?~846)
- 왕건 (877~943)
- 강감찬 (948~1031)
- 최무선 (1328~1395)
- 황희 (1363~1452)
- 세종 대왕 (1397~1450)
- 장영실 (?~?)
- 신사임당 (1504~1551)
- 이이 (1536~1584)
- 허준 (1539~1615)
- 유성룡 (1542~1607)
- 한석봉 (1543~160○)
- 이순신 (1545~159○)
- 오성과 한음 (오성 1556~1618 / 한음 1561~1613)

한국사 주요 사건

- 고조선 건국 (B.C. 2333)
- 철기 문화 보급 (B.C. 300년경)
- 고조선 멸망 (B.C. 108)
- 고구려 불교 전래 (372)
- 신라 불교 공인 (527)
- 고구려 살수 대첩 (612)
- 신라 삼국 통일 (676)
- 대조영 발해 건국 (698)
- 장보고 청해진 설치 (828)
- 견훤 후백제 건국 (900)
- 궁예 후고구려 건국 (901)
- 왕건 고려 건국 (918)
- 귀주 대첩 (1019)
- 윤관 여진 정벌 (1107)
- 고려 강화로 도읍 옮김 (1232)
- 개경 환도, 삼별초 대몽 항쟁 (1270)
- 문익점 원에서 목화씨 가져옴 (1363)
- 최무선 화약 만듦 (1377)
- 조선 건국 (1392)
- 훈민정음 창제 (1443)
- 임진왜란 (1592~1598)
- 한산도 대첩 (1592)
- 허준 동의보감 완성 (1610)
- 병자호란 (1636)
- 상평통보 전국 유통 (1678)

한국사 시대 구분

B.C.	선사 시대 및 연맹 왕국 시대	A.D. 삼국 시대	698 남북국 시대	918 고려 시대	1392

2000	500	400	300	100	0	300	500	600	800	900	1000	1100	1200	1300	1400	1500	1600

세계사 시대 구분

B.C. 고대 사회	A.D. 375 중세 사회	1400

세계사 주요 사건

- 중국 황하 문명 시작 (B.C. 2500년경)
- 인도 석가모니 탄생 (B.C. 563년경)
- 알렉산더 대왕 동방 원정 (B.C. 334)
- 크리스트교 공인 (313)
- 게르만 민족 대이동 시작 (375)
- 로마 제국 동서로 분열 (395)
- 수나라 중국 통일 (589)
- 이슬람교 창시 (610)
- 수 멸망 당나라 건국 (618)
- 러시아 건국 (862)
- 거란 건국 (918)
- 송 태종 중국 통일 (979)
- 제1차 십자군 원정 (1096)
- 테무친 몽골 통일 칭기즈 칸이 됨 (1206)
- 원 제국 성립 (1271)
- 원 멸망 명 건국 (1368)
- 잔 다르크 영국군 격파 (1429)
- 구텐베르크 금속 활자 발명 (1450)
- 코페르니쿠스 지동설 주장 (1543)
- 도요토미 히데요시 일본 통일 (1590)
- 독일 30년 전쟁 (1618)
- 영국 청교도 혁명 (1642~1649)
- 뉴턴 만유인력의 법칙 발견 (1665)

세계사 인물

- 석가모니 (B.C. 563?~B.C. 483?)
- 예수 (B.C. 4?~A.D. 30)
- 칭기즈 칸 (1162~1227)

정약용
(1762~1836)

김정호
(?~?)

이승훈 천주교 전도 (1784)

주시경 (1876~1914)

김구 (1876~1949)

안창호 (1878~1938)

안중근 (1879~1910)

우장춘 (1898~1959)

방정환 (1899~1931)

유관순 (1902~1920)

윤봉길 (1908~1932)

이중섭 (1916~1956)

백남준 (1932~2006)

이태석 (1962~2010)

최제우 동학 창시 (1860)

김정호 대동여지도 제작 (1861)

강화도 조약 체결 (1876)

지석영 종두법 전래 (1879)

갑신정변 (1884)

동학 농민 운동, 갑오개혁 (1894)

대한 제국 성립 (1897)

을사조약 (1905)

헤이그 특사 파견, 고종 퇴위 (1907)

한일 강제 합방 (1910)

3·1 운동 (1919)

어린이날 제정 (1922)

윤봉길·이봉창 의거 (1932)

8·15 광복 (1945)

대한민국 정부 수립 (1948)

6·25 전쟁 (1950~1953)

10·26 사태 (1979)

6·29 민주화 선언 (1987)

서울 올림픽 개최 (1988)

북한 김일성 사망 (1994)

의약 분업 실시 (2000)

| 조선 시대 | 1876 개화기 | 1897 대한 제국 | 1910 일제 강점기 | 1948 대한민국 |

1700 1800 1850 1860 1870 1880 1890 1900 1910 1920 1930 1940 1950 1970 1980 1990 2000

| 근대 사회 | 1900 현대 사회 |

미국 독립 선언 (1776)

프랑스 대혁명 (1789)

청·영국 아편 전쟁 (1840~1842)

미국 남북 전쟁 (1861~1865)

베를린 회의 (1878)

청·프랑스 전쟁 (1884~1885)

청·일 전쟁 (1894~1895)

헤이그 평화 회의 (1899)

영·일 동맹 (1902)

러·일 전쟁 (1904~1905)

제1차 세계 대전 (1914~1918)

러시아 혁명 (1917)

세계 경제 대공황 시작 (1929)

제2차 세계 대전 (1939~1945)

태평양 전쟁 (1941~1945)

국제 연합 성립 (1945)

소련 세계 최초 인공위성 발사 (1957)

제4차 중동 전쟁 (1973)

소련 아프가니스탄 침공 (1979)

미국 우주 왕복선 콜럼비아호 발사 (1981)

독일 통일 (1990)

유럽 11개국 단일 통화 유로화 채택 (1998)

미국 9·11 테러 (2001)

워싱턴 (1732~1799)

페스탈로치 (1746~1827)

모차르트 (1756~1791)

나폴레옹 (1769~1821)

링컨 (1809~1865)

나이팅게일 (1820~1910)

파브르 (1823~1915)

노벨 (1833~1896)

에디슨 (1847~1931)

가우디 (1852~1926)

라이트 형제 (형, 윌버 1867~1912 / 동생, 오빌 1871~1948)

슈바이처 (1875~1965)

마리 퀴리 (1867~1934)

간디 (1869~1948)

아문센 (1872~1928)

아인슈타인 (1879~1955)

헬렌 켈러 (1880~1968)

테레사 (1910~1997)

만델라 (1918~2013)

마틴 루서 킹 (1929~1968)

스티븐 호킹 (1942~2018)

오프라 윈프리 (1954~)

스티브 잡스 (1955~2011)

빌 게이츠 (1955~)

2024년 6월 15일 2판 4쇄 **펴냄**
2014년 2월 25일 2판 1쇄 **펴냄**
2008년 7월 25일 1판 1쇄 **펴냄**

펴낸곳 (주)효리원
펴낸이 윤종근
글쓴이 전병호 · **그린이** 장종균
사진 제공 중앙포토
등록 1990년 12월 20일 · **번호** 2-1108
우편 번호 03147
주소 서울시 종로구 삼일대로 457, 406호
전화 02)3675-5222 · **팩스** 02)765-5222

ISBN 978-89-281-0346-1 64990

이메일 hyoreewon@hyoreewon.com
홈페이지 www.hyoreewon.com